DISCOURS

PRONONCÉ

Par le Directeur du PROPAGATEUR DU VAR

A L'OCCASION DU

PRIX DE VERTU

DÉCERNÉ LE 9 MAI, DANS LA SALLE DU MUSÉE

AU PROFIT DU JEUNE ORPHELIN ESTROPIÉ, FILS DE LA

VEUVE COURONNÉE.

TOULON

MIS EN VENTE A L'IMPRIMERIE AUREL

& CHEZ MM. MONGE, PASCALET & MASSILLON, LIBRAIRES.

1867

AVANT-PROPOS

le 9 mai 1867.

Nous sommes encore sous la douce impression du jour où le *Propagateur* a pu décerner son prix de vertu à une malheureuse femme à qui la mort de son mari, enlevé par le choléra de 1865, n'a laissé d'autre héritage que la misère et six enfants tous bien jeunes et dont l'un estropié. L'accomplissement d'une bonne action est le bonheur le plus sûr qu'il soit donné à l'homme de goûter sur la terre; ce bonheur, tous nos abonnés ont droit de le partager avec nous indistinctement. C'est à leur générosité que nous devons notre institution ; mais ce qui nous rend *exclusivement* fier, c'est le concours de nombreuses sympathies dont nous nous sommes vu entouré pour la seconde fois. En effet, il ne s'agissait ni d'un talent à admirer ni d'un acteur à applaudir, mais du spectacle le plus digne d'un noble cœur, d'un esprit élevé : la récompense accordée à la vertu et à l'infortune. L'élite de la société Toulonnaise l'a compris, et jamais elle n'aurait pu nous honorer d'un témoignage plus éclatant d'approbation.

Parmi les autorités et les notabilités de la ville, nous avons eu la satisfaction de remarquer M. Cadart, colonel du génie ; M. Salanson, commandant du génie ; M. Roque, président du tribunal civil; M. le dr Roux, directeur du service de santé à l'hôpital de la marine; M. le docteur Auban, membre du conseil général ; M. Noël, inspecteur général des Ponts-et-Chaussées en retraite ; M. Roze, ancien magistrat, plusieurs capitaines de vaisseau et de frégate ; M. Puesch, aide de camp de M. le Vice-amiral préfet maritime, retenu par affaires de serice, ainsi que plusieurs autres officiers, médecins distingués de la ville, de la marine etc., etc. Quant aux dames, nous nous abstenons de les citer, car il faudrait les nommer toutes, et il y en avait là près de trois cents de la plus haute distinction, bien que des coïncidences fâcheuses de santé nous en aient fait regretter quelques-unes, dont la présence nous eût été bien précieuse.

Nommer Mme la vicomtesse de Chabannes, c'est rappeler à tous les esprits tout ce que Toulon entoure de la vénération la plus sympathique. Sa constante générosité, éclairée par son esprit éminent, l'a rendue la Providence des pauvres, comme son courage héroïque, il y a deux ans, a révélé en elle l'âme d'Elisabeth de Hongrie.

C'est elle qui a daigné, cette année, remettre la couronne à la veuve infortunée, Madeleine Salavert, au milieu de l'émotion générale et d'une double salve d'applaudissements· Nous connaissons trop la modestie de la noble dame pour permettre à notre cœur d'exprimer ici tout ce que nous ont inspiré sa grâce et sa bonté ! Et, si quelque chose a pu adoucir nos innombrables ennuis, ce sont les touchantes et flatteuses paroles qu'elle a bien voulu nous adresser. (1)

D. R.

(1) N'oublions pas de remercier ici avec effusion M. le Général Clonard et M. le Colonel Champion qui ont consenti, du meilleur gré possible, à rehausser notre cérémonie par l'excellente musique du 3ᵉ régiment.

Messieurs,

Quand nous avons accompli notre tâche, creusé un sillon plus ou moins large sur le chemin de la vie, tout disparaît dans le sein de Dieu qui ne passe point.

Mais l'homme, chez qui la vie est le mouvement, et le mouvement la succession rapide de ses actes intellectuels et de ses sensations, l'homme a reçu de son créateur la faculté de ressaisir les impressions perçues par la conscience.

Est-il donc étonnant, Messieurs, que mon esprit, en se repliant sur le passé, se retrace avec bonheur cette brillante réunion où, il y a un an, votre courtois empressement n'était égalé que par la distinction, la grâce et le talent ?

Lorsque l'aurore d'un jour ne ressemble pas à l'aurore du lendemain, je suis fier, Messieurs, de voir que rien n'est changé autour de moi aujourd'hui, et que sur vos fronts se peignent les mêmes sympathies.

D'où me vient cette précieuse faveur ? Ce serait aussi étrange qu'irréfléchi que de la reporter sur mon humble personne. Mais si je ne m'abuse, elle tient à l'influence de ce que j'appellerai le miracle des temps modernes. Et quel est ce miracle que je me prends à signaler à votre attention ? Le miracle des temps modernes...? A ces mots, on serait en droit de s'imaginer que je vais évoquer devant vous le Génie de la France, le front ceint de cette radieuse guirlande sortie des mains du savoir et de l'industrie.

Certes, Messieurs, ce serait un spectacle digne de vous si la science présentait à vos yeux éblouis ce nouvel Encelade qui, au bout de soixante siècles, a fini par secouer la durée, la pesanteur et l'étendue, trois montagnes qui l'écrasaient.

Vous salueriez avec moi, non pas ces chimériques esprits dont les subtilités captieuses subjugaient les populations incultes par des fantastiques mirages, mais ces grandes figures, Copernic, Kléper, Newton, Galilée, Descartes et Pascal, sublimes intelligences qui de leur souffle puissant ontdéchiré le voile des fictions pour nous inonder des splendeurs de la vérité.

Mais il n'en est rien, Messieurs, le miracle dont je vais vous entretenir, nous ne le devons ni aux armes, ni à l'industrie, ni à la science : nous le devons au Christianisme. Et pour que celui-ci eût seul le droit de le revendiquer au dessus de toutes les manifestations de la nature humaine, Dieu a pris quatre mille ans pour y imprimer le cachet imposant de sa main divine. La pensée n'est pas de moi, Messieurs ; le plus grand des philosophes chrétiens nous le dit hautement : « Dans les siècles passés Dieu laissa tous les peuples suivre leurs voies. »

L'infatigable savant interroge en vain le sol d'Assur ; tant de fastueux monuments n'ont laissé à sa curiosité que quelques débris mutilés.

Ombres de Pharaons, vos pyramides transmettent à peine de leurs sommets le souvenir de vos cruautés.

Sparte, Athènes, Corinthe, qu'est devenue votre gloire ? l'herbe ombrage vos murs ; le voyageur, égaré au milieu de vos ruines, recherche en vain vos sépulcres et n'en foule que la poussière.

Et pourquoi, Messieurs, ces grandes nations n'ont-elles jeté leur ancre que dans l'océan sans rivage de l'erreur et du néant ? C'est que Dieu a voulu se révéler aux siècles passés par sa propre absence ; l'homme peut entasser de la pierre sur la boue, de la boue sur la pierre pour élever Babel, mais ce faible artisan ne paraîtra aux yeux de l'avenir que comme un spectre, pouvant à peine attester sur son crâne séculaire l'impuissance de ses efforts.

Vienne ce peuple géant qui a étonné l'univers de ses travaux et de ses victoires ; ses innombrables conquêtes, sa raison élevée jusqu'au faîte du génie, qu'ont-ils enfanté ? Un peuple corrompu, énervé, qui traîne son front sous le joug d'un monstre couronné et mord sa chaîne en pleurant.

Ville de Romulus qu'as-tu fait de ta liberté, cette liberté pour laquelle tes défenseurs avaient bravé jusqu'aux aiguillons acérés d'une superbe rivale ?.., Un vain nom qui s'éclipse dans les tourbillons sanglants de Pharsale.

Oui, Messieurs, c'est un vain nom, lorsque la liberté s'implante chez un peuple que Dieu abandonne à ses caprices pour la réalisation de ses imperscrutables desseins, si bien que lorsque l'homme cherche à s'arracher du front ce rayon qui l'illumine d'en haut, lorsque d'une main sacrilège il enlève le Christ des autels et l'oblige à fuir dans le secret de l'ombre ; lorsque, au dire d'un de vos grands écrivains, l'Eglise de France, pauvre et dévastée eut à peine un calice pour y boire le sang de son maître, qu'advint-il de cette révolution si puissante que l'esprit humain avait préparée par trois siècles de travaux ? Elle avait noyé ses propres fils dans des flots de sang, déchiré ses propres entrailles, détruit une monarchie, gagné des batailles, épouvanté l'Europe..... enfin elle avait tout fait excepté ce qui change le monde.

Tous ces géants de 93 avaient combattu avec la poussière des morts du xviii° siècle, et rien de vivant ne fut trouvé hormis ce que Napoléon ramassa du milieu de tant de ruines, parce que seul il vit épouvanté avec quelle profondeur Dieu se jouait de l'esprit humain, exposé à tous les vents de la licence et de l'irréligion.

A Dieu ne plaise, Messieurs, que mon langage paraisse indigne d'une assemblée grandie au soleil d'une civilisation, achetée au prix de tant de martyrs et de tant de larmes.

La liberté ! c'est un don du ciel ! la liberté ! c'est l'unique bien de l'homme; la liberté! c'est la fille inséparable de la vérité, l'inaliénable partage de la raison.

Cachée à l'enfance du monde sous de mystérieux symboles, apparue à sa jeunesse sous des voiles transparents, révélée à sa maturité par la parole de Socrate et de Jésus, outragée et méconnue pendant dix-huit siècles, assise enfin aujourd'hui sur un roc inébranlable où viendront se briser tes ennemis, sainte liberté, je te salue.

Mais je veux dire, Messieurs, que quand Dieu ne se mêle pas aux entreprises de l'homme, celles-ci se stérilisent, et alors il n'est pas de révolution qui améliore le sort de la multitude. En effet, la liberté a-t-elle étouffé la misère ; la liberté a-t-elle essuyé le front du pauvre, la liberté a-t-elle étanché le sang de ses blessures ; la liberté a-t-elle apaisé sa faim et rafraîchi ses lèvres altérées ? Eh bien ! c'est le sort du pauvre qui témoigne de toute la grandeur du christianisme, et c'est à la religion du Christ qu'est dû le plus grand miracle des temps modernes.

Messieurs, quand le Calvaire eut retenti du dernier soupir de l'agonisante victime, alors il vibra dans le ciel une lyre dont les suaves ondulations rappelèrent ces harmonies que le philosophe de Samos prétendait avoir entendues dans le calme des nuits sereines, avec cette différence que ses sons supérieurs pénètraient jusqu'à l'âme attentive dans le silence des passions. Et pour appuyer mon langage d'une autorité irrécusable, écoutez les paroles d'un de vos plus brillants orateurs : « La liberté n'est pas en elle-même la fin de l'homme ; négative dans sa nature, elle écarte seulement les obstacles ui empêcheraient l'humanité, d'arriver à sa fin ; car on peut être libre et misérable et par conséquent, au delà de la liberté il y a toujours le bien, mais aussi le gouffre béant immense, effroyable du mal et de la misère. »

Il était réservé à l'édifice du Christ de voir gravé sur le fronton de son temple : « Bienheureux les pauvres, parce qu'ils seront consolés ; » et cette parole, Messieurs, ne devait pas périr, comme tout ce qui porte le sceau d'une beauté inconnue, d'une origine divine.

Vous brûlez de me voir sortir des généralités et je me rends à votre impatience.....

Transportons-nous, Messieurs, sur l'aile de la pensée au milieu du siècle où la France étonnée vit réunis comme dans un faisceau la grandeur militaire, le génie de la navigation et la puissance du talent.

Dieu choisit cette époque pour dire à l'astre couronné de rayons par la main de l'orgueil : pauvre soleil, tu n'iras pas plus loin ; le cataclysme est imminent, tu disparîtras dans les flots d'une effroyable tempête ; tes adorateurs dispersés, errants sur des plages lointaines, chercheront en vain d'un regard attristé une patrie..... une patrie qui n'est plus.

Non pas que l'amour du prochain ait manqué de faire ses preuves au berceau de l'Eglise ; au contraire, ce fut alors que la fleur de la charité, brisant sa riche corolle, jeta au ciel tous ses parfums. Mais au moment où la France rêvait de chimériques grandeurs et seule étonnait les peuples et les mers, Dieu voulut montrer *que lui seul est grand*, et que le christianisme n'était pas tellement décrépit qu'il ne pût comme aux temps héroïques de son histoire enfanter quelque chose de prodigieux pour le bonheur de l'humanité. Il souffla sur le monde et aussitôt brûlant du feu divin, un apôtre surgit pour nous apprendre à secourir la faiblesse, à patronner le malheur.

Voyez-le, il avance ; à la figure hâve et osseuse, au front spacieux mais rugueux ; aux épaules larges mais légèrement voutées ; aux regards pénétrants mais doux ; aux lèvres fortement accentuées, mais s'ouvrant facilement au sourire..... Voyez-le, n'est-ce pas qu'il est étrange ? Et pourtant... c'est celui dont philosophes ou croyants, riches ou pauvres, grands ou petits, peuples ou rois, tous prononcent le nom avec amour... Vous m'avez deviné, Messieurs, son nom le plus populaire, le plus béni des noms, vous le connaissez, c'est... Vincent de Paul.

L'amour de Dieu le pousse, ou plutôt un ange semblable à celui qui transportait à travers les airs le prophète des anciens jours, après mille vicissitudes, le conduit à Paris où sa noble mission doit commencer. Les temps étaient difficiles, la guerre rugissait tout autour ; la cour, absorbée dans les préoccupations du royaume, était peu abordable ; les seigneurs entraînés par le tourbillon des hautes affaires ou distraits par le tumulte des fastueuses débauches qui s'agitaient autour d'eux, fermaient les yeux sur tant d'infortunes. Vincent de Paul triomphe de l'indifférence, s'ouvre un accès dans le cœur des puissants et parvient à émouvoir la cour elle-même.

Ai-je besoin de vous redire comment il fut la providence des galères et la consolation de ces infortunés, devenus à nos yeux les spectres du mal et de la dégradation ? Mais le titre d'aumônier-général de toutes les galères de France ne devait être pour lui qu'un prétexte pour une plus fructueuse campagne. Car Vincent fut le héros de la charité, comme il en avait le génie. Un terrible fléau menaçait de faire de Paris une nécropole. Mais grâce à sa sollicitude, à son zèle, à son ardeur, la contagion du mal se change en bien. Le bruit de ses bienfaits franchit les portes du Louvre, va baptiser d'amour les cœurs insouciants au milieu des parfums d'un boudoir ; et ces reines de la beauté que la joie et le luxe environnent, que les plaisirs énivrent, écoutent attentives les soupirs de la souffrance, s'attendrissent, s'émeuvent jusqu'aux larmes. Leur pitié ne s'arrête pas là : elles arrachent de leurs fronts d'albâtre, de leurs chevelures d'ébène cet or qui les couronne, ces joyaux qui les ornent, et le prix de leur parure, de leurs superbes atours, va grossir le trésor que Vincent accumule à chaque instant.

Mais si le gouffre du présent est à peu près comblé, il reste l'avenir. Ah ! l'avenir sombre, terrible, gros de douleurs inconnues... ! Aujourd'hui c'est le velours, a dit le poète, plus tard, c'est le sapin. Aujourd'hui c'est l'étoile, c'est la clarté, c'est le jour... demain..? demain c'est le nuage, c'est l'horreur, c'est la nuit. Aujourd'hui c'est le lis, c'est la rose c'est l'amour, c'est la vie ; demain, oh ! demain... c'est le silence, c'est l'oubli, c'est le tombeau.

Vincent l'a prévu et en a été pénétré de terreur. Quoi ! s'écrie-t-il, ces petits nouveau-nés que j'ai sauvés, n'auraient-ils d'autre abri que mon cœur, d'autre lit que mon âme ? quoi ! la griffe du malheur viendra-t-elle ressaisir ses victimes ?... soudain l'éclair d'en haut a illuminé son esprit, et les bras chargés d'enfants il va à la Cour, au milieu de tou ce que le sexe vante de grâce, d'élégance et de charme : il presse, il prie il pleure : achevez votre œuvre, mesdames, leur dit-il d'une voix émue ; ces enfants, maudits par leurs pères, délaissés par leurs mères dans les carrefours, les condamnerez-vous à mourir ? Enfants de Dieu comme vous, mesdames, Jésus-Christ voit en eux ses frères, et, s'il est mort pour vous, il est mort aussi pour eux......

On l'entendit, messieurs, on ne résista pas à un appel aussi chaleureux, et c'est aux saints mouvements soulevés par sa voix qu'un abri fut fondé, un monument où la charité a gravé ces mots : *Pour les enfants trouvés.* Mais il fallait embellir cet asile, il fallait lui assurer le moyen de le rendre fécond et durable, il fallait chercher tout ce qui pouvait faire illusion à l'enfance, la tromper dans ses premiers besoins, par une caresse, un sourire, un mot tendre. Messieurs, c'était difficile, n'est-ce pas ? Vincent y pourvut, il créa la Sœur de charité : c'était une sublime idée que celle de fonder un asile où l'enfant arraché à la mort, pût trouver un sein pour le presser et le réchauffer; mais c'en était encore une plus admirable que celle de le confier au dévouement et à la tendresse de la femme, parce que Dieu semble avoir voulu racheter la faiblesse physique du sexe par une force et une patience qui defient les épreuves et le temps.

Et comme si la vie du juste devait se prolonger au-delà de la tombe, n'est-ce pas lui qui inspira à un noble français de se faire le serviteur des pauvres et des malades, avec cette abnégation qui ne recherche que la joie d'un devoir accompli, que le triomphe de l'amour de Dieu sur les aspirations instinctives de l'égoïsme?

Et aujourd'hui même n'est-ce pas à son merveilleux exemple qu'oubliant les préoccupations de vos intérêts, l'attrait de vos plaisirs, vous vous pressez haletants pour contempler le plus saisissant des drames, la vertu aux prises avec l'infortune ? Eh bien, messieurs, daignez me suivre. Voici une rue étroite, sombre, humide ; voyez ce portail noirci, surbaissé, abordez cet escalier délabré qui conduit à un modeste appartement. Pénétrez : Voici un lit recouvert de haillons, pour tout ameublement un berceau rustique où gît une frêle créature de 15 mois; groupés autour d'un âtre éteint cinq autres enfants tous jeunes, tous émaciés, tous exténués par la faim, attendent une mince part d'un pain laborieusement obtenu. Et par qui? par une mère dont le cœur est brisé, à la vue de tant de misères, aux cris déchirants de ces petits êtres, fruits de ses entrailles... Mais regardez ses yeux? qui donc les emplit de larmes? qui donc a flétri ce front encore jeune ou crispé ces lèvres pâlies? C'est un enfant que le plus cruel destin a marqué en naissant. Ah ! j'en appelle au cœur de toutes les mères : quelles poignantes angoisses n'éprouveriez-vous pas, mesdames, à la vue d'un enfant estropié qui n'aura jamais de la vie que les amertumes et qui ne verra jamais à l'horizon que la pitié, le dédain ou l'abandon ? Vous recherchez sans doute un père à cette famille si digne de votre intérêt... Cessez vos recherches: c'était un honnête ouvrier, un excellent chrétien, un tendre père... mais où est-il? Si je ne craignais pas d'attrister votre pensée, je soulèverais ce linceul qu'un implacable fléau a jeté sur notre ville il y a deux ans, et vous pourriez le retrouver parmi tant de victimes, si ce n'est que son agonie se prolongea trois mois par un sort cruel qui, en tarissant les sources de la vie dévora aussi ses modiques épargnes. Mais nous pourrons vous montrer la courageuse mère et achever par la vue de la réalité le drame tout pétri par la main du malheur. Et vous conviendrez, messieurs, que nul spectacle ne fut plus saisissant, que de toutes les émotions dont le talent, les arts, la richesse ont pu embellir vos jours, nulle n'est comparable à celle que vous devez aujourd'hui à votre générosité.

Oui, messieurs, la vertu couronnée dans la veuve infortunée, Madeleine Salavert, comblera vos cœurs de joie, de cette joie pure, ineffable dont sont jaloux les rois et que de nobles femmes vont rechercher dans l'asile de tous le maux. Athènes et Rome eussent réservé leurs applaudissements pour des athlètes ou des gladiateurs. Vous, messieurs, formés à l'école de la charité, vous venez honorer celle que la stoïque antiquité eût rejetée de son sein et couverte de son mépris. — Les siècles chrétiens ont amené d'autres sentiments. Le monde qui jouit s'intéresse au monde qui souffre — et c'est là le merveilleux de notre âge : j'ai voulu vous en entretenir parce que le *Propagateur*, enfant de vos sympathies, justifie ma pensée en perpétuant le prodige. Et croyez — le bien, ce n'est là ni un tour d'esprit ni un procédé oratoire.

J'en trouve le secret dans le cœur humain. Quel est l'objet de ses plus ardentes aspirations ? le bonheur. Le bonheur ? messieurs, vous savez que le bonheur ici-bas, en nous touchant de l'aile, n'est jamais assez puissant pour nous soulever jusqu'à la plénitude de la satisfaction. Il n'est aucun de nous qui ne connaisse *ce torrent du Cédron où le Seigneur a passé*, et nous buvons chaque jour l'onde amère et troublée de notre vie. Le bonheur errant comme nous, depuis que l'homme franchit le seuil de l'Eden, si jamais il vient s'asseoir à notre foyer, savez-vous ce qu'il nous laisse dans la rapide étreinte de sa main ? un héritage de larmes.

Oui, il laisse des larmes à une royale mère dont le fils est jeté tout-à-coup par de vifs coursiers sur une route solitaire où se brisent à la fois sa vie, son avenir et son trône.

Il laisse des larmes à un tendre père qui ne voit revenir des parages lointains que les tristes dépouilles d'un fils éteint sous les ardeurs d'un climat meurtrier ; des larmes au héros que le vautour de la vengeance ronge et consume sur les escarpements d'un rocher de l'Océan ; des larmes au sage même que Dieu courbe sous les verges pour l'arracher peut-être à tous les prestiges dont le monde couvre la vanité de ses trésors. Ai-je besoin de vous le nommer, messieurs ? Le voilà… le corps brisé par la souffrance et l'âme plongée dans une inénarrable angoisse, en face de l'éternité bien qu'au milieu de ses jours… Il traversait alors les eaux liguriennes, et la prière du moribond montait vers Dieu avec le murmure des flots et le parfum des orangers qui embaumaient ces heureux rivages de l'Italie. Seigneur, s'écriait-il, le fil de mes jours est coupé… j'ai une jeune femme, une charmante enfant, des amis nombreux, une carrière honorable… Faut-il quitter tous ces biens que vous-même, mon Dieu, vous m'aviez donnés ? Laquelle faut-il que je vous immole de mes affections déréglées, pour que j'aie la douceur de vieillir auprès de ces êtres chéris ?…

Mais le Seigneur ne parut pas accepter l'holocauste, et celui à qui la jeunesse, la foi et la renommée promettaient des jours pleins de gloire et d'ineffables joies, s'éteignit dans les bras de ceux qui l'avaient tant aimé et qui l'ont tant pleuré. J'ai nommé Ozanam, messieurs.

L'histoire des larmes est longue, déchirante, lugubre... Il est pourtant une larme, une larme unique où l'on peut lire ce que peut le seul bonheur possible sur la terre : c'est la larme qu'attire la charité sur l'œil du pauvre et où le bienfaiteur peut saisir un reflet de douce et reconnaissante émotion.

Vous l'avez compris, messieurs, et vous ne l'ignorez point, mesdames, en vous rendant les complices du prodige, lorsque vous allez chercher cette perle humide dans l'humble réduit de la misère, et que vous accordez si généreusement votre appui à l'œuvre chrétienne que nous avons fondée.

Messieurs.., si en ce moment, cette voûte s'entrouvrait et que l'ombre radieuse de cet apôtre des Landes parût au milieu de nous, contemplant tout ce que vante de plus éminent notre ville, quel ne serait pas son ravissement, en voyant tous vos cœurs se rencontrer dans une parfaite harmonie de sentiments? Pour moi, il m'est avis que son auguste voix se ferait ainsi entendre :

« Femmes au cœur généreux, mères chrétiennes, magistrats, médecins, marins, guerriers, je vous bénis. Persévérez dans le bien ; soyez le refuge du malheur. Ici les sciences, là les armes, ici les lettres, là les arts ont élevé les monuments du génie à l'admiration de la postérité. Chaque âge eut ses grandeurs ; vous, gardez les vôtres qui effaceront toutes les autres en splendeur et en durée. »

Voilà ce que dirait notre saint, messieurs. Puissions-nous, dans ce jour où nous venons couronner la vertu éprouvée, sentir nos cœurs palpiter avec lui, et par les élans de la charité, rivaliser avec son âme immortelle.

Le Directeur, D. R.

(Ce discours a été suivi de vifs et longs applaudissements.)

www.ingramcontent.com/pod-product-compliance
Lightning Source LLC
Chambersburg PA
CBHW061158050726
47594CB00008B/3467